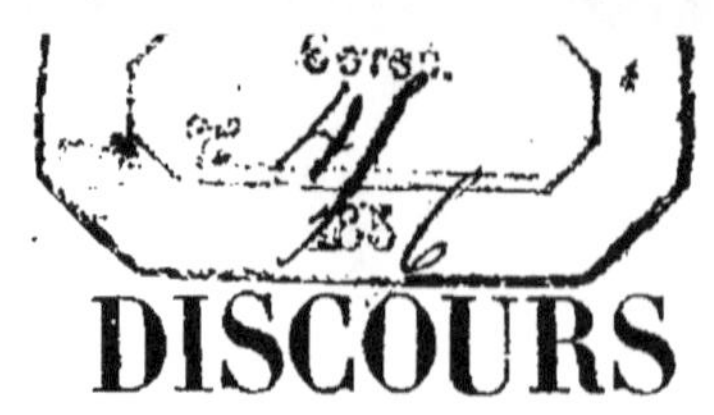

DISCOURS

PRONONCÉS SUR LA TOMBE

DE

M. ANTOINE-JEAN PIETRI

DE L'ILE-ROUSSE

Ancien Maire, ancien Membre du Conseil-Général de la Corse
et Chevalier de la Légion d'honneur,

DÉCÉDÉ A BASTIA LE 15 MAI 1856

suivis

DES ARTICLES NÉCROLOGIQUES PUBLIÉS PAR LES JOURNAUX
DE CE DÉPARTEMENT.

BASTIA,

DE L'IMPRIMERIE DE C. FABIANI.

—

1856.

DISCOURS

PRONONCÉS SUR LA TOMBE

DE M. ANTOINE-JEAN PIETRI

DE L'ILE-ROUSSE.

Brevissimo cenno funebre sù di una delle varie virtù che adornarono la vita del fu nobil uomo, Sig. Antonio Giovanni Pietri, come permise l'ozio di soli dieci minuti, e dettò il grato riconoscente cuore, alla penna del R. P. Camillo Natali M. O. Sup., recitato da esso in Monticello, sul solenne doloroso sepolcro del summentovato benemerito estinto.

A dimostranza di grato animo e sincero leal cordoglio, risentito universalmente in modo speciale dai Religiosi Padri Minori Osservanti, bisognosi dell'opera caritatevole dei fedeli per vivere frugalmente la vita ad unico spirituale e temporale vantaggio dei popoli di Dio, tanto beneficati con larghe limosine dalla bell'anima e ottimo cuor di colui che adesso trovasi disteso sul feretro, e morto agli affetti di questo mondo, per bearsi fra le divine dolcezze: *Beati mortui qui in Domino moriuntur;* sulla di cui tomba imploriamo per sacra funebre cerimonia eterno riposo di celestiale felicitazione; la beneficata società che risentì e risente i benefici influssi, quella che non li ricambiò a dovere, e che fra non molto sarà per risentire il vuoto di sì gran perdita, si abbia cari questi brevissimi accenti, la intiera necrologìa formanti del fu benemerito Anton Giovanni Pietri tanto caro alla patria ed a chi lo conobbe; pregandola in medesimo tempo, a degnare di benigno compatimento l'inesperto addolorato dicitore, che per sola mancanza di tempo, non di volontà, è costretto di passare in silenzio quelle gesta, virtù, è meriti che contraddistinguono lo estinto, fra la classe ragguardevole del ceto umano.

Alma sì bella aprì li rai, credo io, alla luce del giorno, sul cominciare del secolo stante. Viatrice, fu nobile per natali, in faccia alle vanità del mondo, e quando comprese che l'Eterno autore della vita e della morte compiacevasi di annoverarla fra i più, rese, rassegnatamente, con generosi e cortesi sensi, quel debito, di cui siam tutti debitori, per esser nobilissima, di cristiana virtù, in faccia a Dio. La più bella che possedeva e che la educò e contraddistinse, sulla terra, e che ora non può che retribuirla del centuplo, in cielo, fu la carità Evangelica, a cui faceano corona onorevole nonchè l'amore di Dio e dei prossimi, (che volle sempre fratelli fra loro, fratelli a sè, ed esempio ad altrui) anche quello di patria e di religione, a cui accrebbe nome per la sua pietà e costanza. Il custode di sì bell'alma ferma nella fede, Giovanni fu largamente benigno verso dei poverelli di Gesù Cristo, e perchè tutto inteso in efficacemente sollevare, e grandi e pusilli, e coniugati e celibi, e orfani e vedove, fu caro agli amici e amato dai congiunti. E ancorchè ben conoscesse la ingratitudine degli uomini da esso, replicate volte, beneficati, non se ne dolse, non fe rammarico, e oprando tutto con retto fine di averne la retribuzione dal Cielo, sempre continuò in patrocinare e intercedere, nonchè a sollievo dei buoni e onesti, oppressi da ingiusto potere, anche a vantaggio dei pravi, tristi e ingrati, onde impedire le riprovevoli male intenzioni e tornarli a buon senno, a resipiscenza, a pentimento, a salute, e a quiete comune. Brievi, o dolenti e mesti Signori, sono le mie rozze espressioni, ma vasti i pensieri e concetti, come contenenti lo intero dicibile di qualsiasi ben prolissa orazion funebre.

Ci ricordiamo senz'altro, umanissimi, che siamo mortali, e all'anima generosa e grande di colui che nacque cristiano cattolico, e fini di viver la vita, osservantissimo della santa religione, perchè fu pure formato a virtù, fin dalla cuna, all'alma nobil, dicea, oggetto di general compianto, preghiamo tutti, la eterna requie del giusto. Tesoreggi adunque la misera cristiana umanità facoltosa, potente, di si bella evangelica virtù, esercitata in modo sorprendente, dall'ottimo dei benefattori, dal padre pietoso dei poveri, dall'utile alla Chiesa, ai parenti, agli amici, dal compatrocinator valentissimo dei prossimi; e il pochissimo da me detto, con mesto ciglio, sulla gelida salma dell'uom virtuoso, basti, perchè ogn'animo gentile riversi una lacrima di riconoscenza, e di calda fervorosa preghiera, sull'onorato feretro che il cenere accoglie.

Requiem eternam dona ei, Domine, et lux perpetua luceat ei.

Discours de M. l'abbé Mattei, curé de Santa-Reparata.

MESSIEURS,

Avant que soit confiée à la tombe la dépouille mortelle de celui qui nous a été enlevé d'une manière si inattendue, je viens aussi, interprète des sentiments de son Évêque (1) bien-aimé, lui adresser un dernier adieu. Au nom de son Evêque, car je sens que je tiens ici la place d'un autre. C'est bien lui, c'est bien notre digne et respectable Prélat

(1) Mgr Casanelli d'Istria, évêque d'Ajaccio, et Mgr Sarrebayerouze, évêque d'Hétalonie, pendant leur visite pastorale à Bastia, se sont plusieurs fois rendus auprès de leur ami atteint de la maladie mortelle à laquelle il a succombé.

qui aurait voulu vous témoigner, en ce moment, ses regrets et sa douleur amère; mais puisque les devoirs de sa haute position le retiennent loin de ces lieux et l'empêchent de payer un dernier tribut à la mémoire de son noble ami, j'essaierai d'y suppléer, moi prêtre de campagne obscur et ignoré, j'essaierai du moins, et si, pour le remplacer, il ne faut que le cœur, peut-être ne serai-je pas trop au-dessous de ma tâche.

Pour peindre, comme pour louer complétement l'ami que nous pleurons, je n'ai qu'une pensée à exprimer ou plutôt à reproduire, qu'un mot à dire ou plutôt à répéter, car en ce moment mes pensées, comme mes paroles, ne sont que ce qu'a déjà pensé, que ce qu'a déjà dit chacun de ceux qui m'entourent et m'écoutent.

Aussi n'est-ce point de la vie publique de M. Pietri que je viens vous entretenir. Je ne viens point vous dire tout ce qu'il a rendu d'éminents services au pays dans l'exercice des fonctions publiques, auxquelles il a été constamment appelé, qu'il a exercées pendant plus de quarante années avec honneur et fermeté et qui lui valaient naguère, de la part de l'Empereur, la récompense des citoyens honorables et dévoués, la croix de la Légion d'Honneur.

Habitants de Monticello, habitants de l'Ile-Rousse, venez nous dire vous-mêmes tout ce qu'a été pour vous M. Pietri, venez nous témoigner par vos larmes la perte immense et irréparable que chacun de vous a faite dans la personne du plus généreux des amis, du plus dévoué des pères; venez nous dire tout ce qu'il éprouvait de tristesse et de douleur amère, lorsqu'il nous savait dans la douleur et dans la tristesse, et comment il savait user de la haute influence que ses nobles qualités et ses nombreux services lui avaient constamment acquise auprès des personnages les plus distingués pour adoucir vos regrets, pour calmer vos peines.

« M. Pietri était, en effet, la personnification de la bonté, non pas certes de cette bonté froide, passive, inerte qui, comme la politesse, ne va pas au-delà des formes, et qui portée à son plus haut degré s'appelle bienveillance. Sa bonté, c'était la bonté du cœur, la seule vraie, tout à la fois vive et constante, profonde et expansive, active et raisonnée, la bonté poussée jusqu'à l'oubli de soi-même, jusqu'au sacrifice et que j'appellerais dévouement, si je me contentais encore d'employer le langage du monde; mais que je crois mieux caractériser, en empruntant à la religion cette expression qui définit si bien la première et la plus sublime des vertus chrétiennes et en nommant la charité. Et qu'on n'aille pas croire, que cette qualité déjà si précieuse fût la seule qui distinguât notre ami : à cette nature d'élite d'autres dons avaient été largement départis; sens droit, esprit juste non moins que fin et pénétrant, humeur égale, amabilité gracieuse et piquante tour à tour, ces dons heureux, ceux-là seuls ont pu les apprécier qui ont eu le bonheur de le connaître de près et de vivre dans son intimité. Toujours s'oublier lui-même, toujours s'occuper des autres, telle avait été sa vie, telle a été sa mort.»

Voyez-le, Messieurs, sur son lit de douleur! A l'exemple de ces anciens patriarches, de ces vieux capitaines qui s'entouraient, à leur dernière heure, de leurs enfants ou de leurs compagnons d'armes, M. Pietri se voyant sur le point de terminer sa noble et glorieuse carrière, après avoir fait le dernier aveu de ses fautes à un digne ministre de l'Evangile, après en avoir reçu le pain qui nourrit le fort et soutient le faible dans le pénible passage du temps à l'éternité, M. Pietri réunit autour de lui sa famille éplorée, et s'adressant à ses petits-fils : « Mes enfants, leur dit-il, craignez le » Seigneur, aimez-vous les uns les autres, et continuez par » une vie irréprochable et pure à perpétuer l'honneur de » votre famille : gardez-vous bien surtout de jamais haïr » personne et que votre cœur soit tout amour pour vos » semblables. »

Tel a été, Messieurs, le testament de notre noble ami.

Il a cru tout laisser à sa famille en lui laissant la crainte du Seigneur et l'amour de ses semblables.... Et maintenant il va nous quitter, et nous ne le verrons plus, ce noble cœur, dans le charme de ses entretiens intimes si doux pour ses amis ! Mais il est encore un rendez-vous où nous sommes sûrs de le retrouver. Pour les cœurs il n'y a point de distance ; plus rapides que la vapeur et l'électricité, ils se touchent et s'unissent malgré le temps et l'espace qui les séparent ; ce rendez-vous, mais le plus beau de tous, celui où l'on ne se quitte jamais, celui où les liens d'une amitié sainte unissent pour toujours, c'est le ciel. Là plus de séparation, plus d'absence. Qu'il me soit permis, Messieurs, de vous l'assigner et de vous le souhaiter, lorsqu'il plaira au Seigneur de nous demander le compte de nos œuvres.

Adieu donc, cher Monsieur Pietri, adieu au nom de vos amis désolés, et ils sont nombreux, car ce sont tous ceux qui vous ont connu.

---

*Discours de **M**. *Blasini adjoint au maire, et au nom du Conseil Municipal de l'Ile-Rousse.*

MESSIEURS,

Le Conseil Municipal de la ville de l'Ile-Rousse interprète des regrets de toute la population dans une si douloureuse circonstance a délégué une commission pour assister aux funérailles d'un de ses membres, de l'homme de bien que la mort est venue nous enlever après une longue et cruelle maladie. Les membres qui composent cette commission se sont empressés d'accepter une mission aussi honorable que pénible pour payer au nom de la ville le tribut de regrets que cet excellent citoyen emporte avec lui dans la tombe.

Avant que le caveau reçoive la dépouille mortelle de celui qui n'est plus, permettez que je vienne remplir le triste et pieux devoir que m'imposent à la fois et le sentiment d'une reconnaissance personnelle et le vœu unanime manifesté par toute la population.

M. Antoine-Jean Pietri était né à Sartène dans le courant du mois de septembre 1788. L'avénement de Napoléon-le-Grand plaça son oncle M. Antoine-Jean Pietri à la préfecture du département du Golo et ce fut auprès de lui qu'il commença à faire éclater son caractère élevé et son esprit conciliateur. A cette époque, on ne l'ignore pas, toute la Corse gémissait sous les tristes effets des révolutions qui avaient menacé l'état social et que le grand Empereur avait mission de comprimer. L'éducation que M. Pietri reçut à Bastia fortifia son caractère d'indépendance et de patriotisme dont il a donné des preuves dans une foule de circonstances. Il s'unit ensuite à l'une des familles les plus distinguées de la Balagne par le mariage qu'il contracta avec Mademoiselle Antoinette Leonetti, femme douée de toute sortes de vertus et nièce de l'immortel général Paoli, fondateur de la ville à laquelle l'ami que nous pleurons aujourd'hui avait voué toutes ses sympathies. Oui, Messieurs, l'Ile-Rousse était pour lui le lieu de prédilection ; c'était l'endroit où il comptait rendre le dernier soupir : le *destin* en avait jugé autrement. Il est venu l'enlever encore trop tôt loin de la cité qui lui était si chère. Après son mariage, M. Pietri se fixa définitivement en Balagne. Il adopta ce pays, objet de ses désirs et de ses plus constantes sollicitudes.

M. Pietri, vous le savez, Messieurs, a occupé plusieurs fonctions honorables et toujours il a apporté dans l'exercice de ces fonctions toute l'indépendance, tout le zèle et le dévouement dont il était capable. Sans vous énumérer ici toutes les positions qu'il a occupées, je me bornerai à vous dire que pendant quarante ans il a figuré d'une manière digne dans le sein du conseil général de notre département ; que pendant un grand nombre d'années il a exercé les fonctions honorables de maire de Monticello et de l'Ile-Rousse, et dans l'accomplissement de ces fonctions il a

constamment su se concilier l'estime de l'administration,
les sympathies et l'affection de ses concitoyens. Ce qui le
prouve c'est la distinction qu'il a obtenue à la fin de son honorable carrière; c'est la croix d'honneur que le gouvernement de Napoléon lui a décernée et qui malheureusement a
trop peu brillé sur sa poitrine. Ce qui le prouve surtout
c'est cette foule recueillie qui se presse autour de ce cercueil
pour payer au patriote de cœur un juste tribut de regrets.

M. Pietri s'est trouvé dans les conditious les plus heu-
reuses pour obtenir des faveurs, mais son esprit d'indépendance et son caractère d'abnégation l'ont toujours tenu
à l'écart. Cependant il a joui, à toutes les époques, d'une
haute influence et il a pu rendre les plus éclatants services
à son pays et à ses concitoyens. En effet, Messieurs, pou-
vait-on frapper à sa porte pour demander un service hon-
nête et possible sans l'obtenir? Que de bien n'a-t-il pas fait?
Que de malheurs n'a-t-il pas évité dans les circonstances
périlleuses que nous avons traversées? Tout en lui dénotait
une droiture d'esprit, une âme généreuse, des sentiments
élevés. Tout en un mot faisait voir en lui qu'il méritait à
juste titre l'estime et la considération dont il était entouré.

Et maintenant que tout est fini pour vous sur cette terre,
maintenant qu'une nouvelle vie a déjà couronnné votre foi
chrétienne, recevez de là-haut nos derniers adieux, bon
père de famille, excellent citoyen. Aux regrets de tous vos
parents en pleurs, permettez-moi d'ajouter les miens et
ceux des habitants de l'Ile-Rousse qui vous payaient de
retour les sympathies et l'affection que vous leur aviez
vouées et qui se ressentiront d'une perte aussi cruelle.

Adieu donc pour toujours, mon cher Monsieur Pietri.
Adieu pour toujours, homme généreux, reposez en paix.
Vous avez été si bon sur la terre, soyez heureux dans le
ciel....

———————

Discours prononcé par M. Angeli, de Morosaglia, instituteur à Monticello.

MESSIEURS,

La perte que nous déplorons aujourd'hui, n'est point une de ces pertes qui n'affligent que quelques familles pendant une durée plus ou moins longue, mais bien une de celles qui répandent le deuil et la tristesse dans le cœur de chaque habitant de la Corse, doué de sentiments patriotiques et d'idées généreuses.

Ce n'est pas pour vous retracer de point en point les belles et rares qualités de son cœur que j'ai entrepris d'écrire sur un sujet qui dépasserait dès lors et de beaucoup trop la limite de mon intelligence; mais c'est plutôt pour vous prouver à tous, Messieurs, que s'il ne m'est pas donné de m'élever à la hauteur d'une si grande image, j'aime au moins me classer aussi, en zélé compatriote, parmi ces individus qui, au dernier jour de l'homme dont la mort produit un vide immense dans le pays, tiennent à rendre à la mémoire de ce personnage d'élite, un solennel et dernier hommage. C'est donc sous ce point de vue, Messieurs, que j'entreprends d'esquisser ici, et bien faiblement quelques-uns de ces traits qui vous feront assez connaître, que l'homme qui reçoit le tribut de notre reconnaissance et de nos regrets, s'en est rendu digne par son caractère plein d'élévation et d'aménité.

Jean Pietri est né, en septembre 1788, à Sartène, d'une des familles les plus considérées et des plus considérables de la Corse.

Parvenu à l'âge de 20 ans, il épousa la noble et vertueuse Marie-Antoinette Leonetti, nièce de l'illustre général Paoli. Attaché dès-lors à sa famille, il sembla s'inspirer des vues du Grand-Homme. Cette intéressante et heureuse union forma comme une source féconde d'où s'échappèrent de nombreux bienfaits. Mari aimant, il fit couler à sa gracieuse et bonne épouse des jours aussi heureux qu'elle le méritait.

Dieu bénit ce beau couple, en lui donnant des enfants, dont la vie et la mort répondirent si bien aux éminentes vertus qu'on leur avait inculquées. L'une d'elles, Vittoria (1), dont la fin tragique dépasse tout ce que les annales de l'histoire nous offrent comme modèle de chasteté conjugale, mourut le 20 décembre 1849, et sa mort a sans doute abrégé la carrière mortelle de son magnanime père. Privé de sa femme et de ses enfants, M. Pietri accorda toute son affection à ses petits-fils ; il ne s'épargnait aucun sacrifice pour leur assurer une brillante position. Tous laissent entrevoir les meilleures espérances, et un d'entre eux, présent à cette douloureuse et touchante cérémonie, qui figure déjà avec distinction dans les bureaux de notre auguste et magnanime Empereur, fait espérer qu'il parviendra à occuper un poste signalé dans la hiérarchie des dignités sociales.

Ce n'est pas tout, Messieurs ; l'âme forte et élevée de M. Pietri, a toujours trahi l'homme officieux, sachant obliger sans aucune de ces arrières-pensées qui déshonorent toute bonne action ; je veux parler de ces vues intéressées qui dénotent, bien sûr, un esprit bas et vulgaire.

Tous ses actes, au contraire, répondant aux hautes ins-

(1) Allusion au tragique évènement qui, le 20 décembre 1849, saisit d'une surprise douloureuse la Balagne tout entière. Abusant indignement de la généreuse hospitalité qu'il avait reçue dans la maison Pietri, un réfugié italien, dont la naissance semblait devoir garantir l'honnêteté, ne craignit pas, dans l'égarement de ses passions, de placer la fille de son bienfaiteur dans la cruelle alternative de céder à ses désirs, ou de tomber sous ses coups, victime de la fidélité conjugale. La vertueuse et belle Vittoria n'ayant pas hésité sur le choix, cet homme furieux lui donna la mort ; puis il se suicida à l'instant même. Cet acte de dévouement conjugal restera comme l'éternel honneur des femmes corses, qui, joignant le courage au sentiment du devoir, conservent la foi promise même au prix de leur vie.

pirations d'une bienveillance vraiment chrétienne, avaient pour mobiles ces deux grands, nobles et généreux principes :

— Que l'homme est né pour se rendre utile à ses semblables, et que la meilleure récompense qu'il puisse désirer, est cette joie intérieure que lui procure la satisfaction d'avoir fait du bien.

C'est en se conformant, dirai-je, même trop strictement à ces deux règles invariables pendant le cours de sa belle existence, qu'il n'a que trop souvent obligé, hélas ! des personnes qui, à la honte de l'humanité, ont répondu à ses bienfaits par l'ingratitude la plus monstrueuse !.

Quelles qu'aient été cependant les vicissitudes de sa vie, il n'a jamais refusé ses services à personne, il aimait sa patrie, et ses vœux les plus ardents étaient pour le bonheur et la prospérité de cette île féconde en hommes de cœur et de génie.

C'est bien aussi parce qu'elle comptait sur cette noble passion qu'il nourrissait pour l'avenir de la Corse, que la Balagne, heureuse de posséder en lui la vivante image des vertus qui firent l'orgueil de nos pères, l'a constamment choisi pour être le représentant de ses intérêts au conseil général où il s'est toujours montré digne de cette confiance.

Tant de signalés services rendus à son pays ne pouvaient pas échapper à l'œil observateur du digne chef du gouvernement, Napoléon III, de même qu'au soin qu'il a de désigner les hommes de mérite ; et c'est ainsi que, le 9 du mois d'août 1854, M. Pietri recevait la croix de la légion d'honneur, en récompense du temps gratuitement consacré au service du bien public.

Une reconnaissance universelle s'est aussi, il est vrai, on ne peut plus manifestée, dans le cours de sa maladie. Les autorités ecclésiastiques, civiles et militaires, l'homme distingué et le simple citoyen, l'habitant des villes et des campagnes ont également et tour-à-tour visité M. Pietri à son lit de douleur. C'est là qu'il a vu s'approcher avec une résignation toute chrétienne l'instant de sa mort; il a reçu avec joie et respect, dans les sentiments les plus humbles et les plus pieux, toutes les consolations religieuses; et pour qu'aucun fleuron ne manquât à la couronne de sa vie, il a voulu, lui aussi, à l'exemple de Tobie, dont parle l'Écriture Sainte, adresser, en rendant le dernier soupir, des conseils salutaires à ses petits-fils.

Et ce nombreux cortége de deuil où l'on remarque que presque toutes les familles du canton ont envoyé des représentants, sans compter les étrangers qui sont accourus de toutes parts, ne vous prouve-t-il pas, Messieurs, que l'homme qui descend dans la tombe, s'est rendu par ses bonnes œuvres digne d'un hommage dont peut être personne n'a pas encore été honoré.

C'est donc ainsi, Messieurs, que, comblé d'honneurs et entouré de ses nombreux parents et amis qui le chérissaient, les restes de M. Pietri viennent d'être confiés à la terre; tandis que sa belle âme, dégagée de son enveloppe terrestre, va recevoir au milieu des vœux les plus unanimes, et dans un monde meilleur, la récompense due à ceux qui, comme lui, vivent et s'éteignent en faisant du bien.

Dernier hommage offert à la mémoire de M. Antoine-Jean Pietri, Chevalier de la Légion d'honneur : Ambrogi, directeur de l'École supérieure de l'Ile-Rousse.

Messieurs,

Lorsque l'âme se sépare de sa dépouille mortelle pour aller vivre dans le monde des esprits, la foi exhorte au recueillement et à la prière; la douleur fait couler des larmes et pousser des sanglots; la raison convie à la résignation et rappelle les traits caractéristiques de celui qui ne vit plus que dans le cœur des personnes qu'il aimait et dont il était aimé.

L'homme qui abandonne ce monde sans laisser des traces d'actions bienfaisantes est bientôt oublié ; mais s'il a passé sa vie en faisant le bien, son nom vit dans l'histoire et son âme dans l'éternité auprès de Dieu.

M. Pietri (Jean), dont la mort est aujourd'hui une cause d'affliction générale, a consacré ses jours à remplir dignement des fonctions gratuites et à soulager le malheur.

Sans orgueil dans la prospérité, résigné dans l'affliction, fier et intrépide en face du danger, il tenait par son attitude le méchant à distance, inspirait pleine confiance à l'amitié et respect aux personnes de toutes les conditions ; sensible et magnanime, il savait donner généreusement sans jamais humilier. L'opprimé trouvait en lui un puissant protecteur ; l'ami, un frère ; le parent, un père, et le pays, un citoyen dévoué.

Maire, il travaillait à la prospérité de la commune avec zèle et intelligence ; membre du conseil général, il servait la Corse avec le dévouement que l'amour de la patrie fait naître.

La patrie vivait dans son cœur. Que le souvenir du citoyen indépendant et dévoué vive dans notre âme et dans la mémoire de la postérité. Que son noble caractère serve d'exemple aux enfants de la patrie et son âme repose en paix auprès de l'Éternel.

Discours de M. Graziani, Notaire et Maire de Monticello.

Messieurs,

Le 27 septembre 1808, alors que l'astre Napoléonien brillait de son plus vif éclat, un cortége triomphal, venant de Bastia, accompagnait à Monticello M. Antoine-Jean Pietri, à peine âgé de 20 ans. Né à Sartene le 22 septembre 1788, fils de M. Antoine-Sylvestre Pietri et de la dame Marie-Félicité, neveu d'un digne et habile administrateur, M. Pietri, préfet du ci-devant département du Golo, il arrivait dans cette commune pour célébrer son mariage avec une charmante, tendre, noble et affectueuse demoiselle, Marie-Antoinette-Dionysie Leonetti-Fabiani, fille unique de M. Juge-Antoine Leonetti, colonel de gendarmerie, député de la Corse à l'assemblée des Cinq-Cents, neveu de l'illustre et immortel général Paoli : et aujourd'hui, hélas! un cortége funèbre, venant de la même ville, nous ramène les restes mortels de cet homme de bien pour être déposé dans le caveau où reposent les cendres de son épouse et de ses filles chéries.

Organe de toute une population en larmes, je n'entreprendrai pas, Messieurs, de vous tracer le tableau fidèle de la vie de M. Pietri; cette tâche difficile vient d'être supérieurement remplie par des voix plus éloquentes que la mienne; celle que je me propose sera toute autre, l'expression de la douleur, l'éternel adieu de l'amitié en seront l'unique objet. Touchant et tendre hommage que la reconnaissance, l'élan du cœur m'inspirent ainsi qu'aux habitants de Monticello.

Vous tous qui m'entendez, Messieurs, vous avez connu M. Pietri, aimé ses qualités, estimé son caractère. Doué des grandes et nobles qualités de nos pères, homme de trempe corse pure et antique, il portait dans son âme des sentiments nobles et élevés. Compatissant, humain, hospitalier et généreux, il a consacré une grande partie de sa fortune pour protéger les faibles contre l'oppression des grands, et il eut plus d'une fois dans sa vie la douce consolation de briser les fers de ses malheureux compatriotes, que le glaive de la justice était prêt à frapper, victimes d'un pouvoir alors parfois trop arbitraire.

Tour-à-tour, Maire de Monticello et de la ville de l'Ile-Rousse, Membre du conseil général de ce département, il a rendu de nombreux services à la Balagne, et surtout à l'Ile-Rousse, à laquelle il fut constamment attaché.

Défenseur ardent et passionné de son pays, il repoussait avec indignation toutes les propositions qui tendaient à l'humilier et à le mettre, par des lois exceptionnelles, en dehors du droit commun. Jamais, Messieurs, l'amour de l'or et des emplois, qui allument aujourd'hui tant de fièvres, ne troublèrent cette âme pure; honoré de tous les temps, et à toutes les époques de l'amitié et de la confiance de nos plus grandes illustrations, il pouvait occuper dans la société des postes importants, mais il les dédaigna toujours. Le monstre de l'ambition ne l'égara jamais. Il laissa briguer à d'autres les places. Il se contentait, lui, de l'appui des puissants pour obtenir leur concours en faveur des populations et surtout pour le canton de l'Ile-Rousse qu'il représentait. Les travaux d'utilité publique, l'ouverture des routes, en un mot tout ce qui devait relever la province de la Balagne en sont les témoins.

'Lors des malheureuses réactions politiques qui eurent lieu dans cet arrondissement, on le voyait toujours attentif à calmer l'esprit bouillant du peuple, sur lequel il avait un *merveilleux ascendant*, et je puis le dire hautement, car la vérité et la justice doivent au moins parler après le tombeau, personne n'a eu à se plaindre de la haine et des persécutions de cet homme, et aucun malheur n'est jamais venu troubler cette belle et intéressante contrée, alors qu'il guidait les masses.

Dans ces derniers temps, le gouvernement de l'Empereur lui accorda la marque honorifique de chevalier de la légion d'honneur pour couronner, disait l'habile administrateur qui vient de nous quitter (1), ses longs services administratifs.

Mais, en 49, un grand désastre, suite de son bon cœur et de sa généreuse hospitalité, vint fondre sur sa famille; une mère de famille, son unique espoir, la consolation de ses

M. Thuillier, préfet de la Loire.

vieux jours, lui fut enlevée; mais ce malheur qui a nui d'une manière si sensible à son cœur, ne peut affaiblir sa courageuse philantropie. Il meurt avec la tranquillité d'un homme qui ne voit dans ce moment suprême que l'instant où la vertu se rapproche du ciel dont elle est descendue.

Et maintenant, Messieurs, si, en disant adieu à sa dépouille mortelle, quelque chose peut adoucir nos regrets et tarir nos larmes, c'est la pensée que son âme jouit déjà de la béatitude éternelle, car il y a des couronnes pour les justes qui ne se flétrissent jamais, et ses vertus revivront dans ses petits enfants.

Discours de M. Jean-Baptiste de Fabiani de Santa-Reparata.

Messieurs,

Antoine-Jean Pietri n'est plus. Une mort prématurée nous a enlevé l'homme que nous étions habitués à regarder comme celui qui méritait le plus nos sympathies, notre gratitude et notre dévouement. Aussi notre douleur est immense, et nous n'avons pas même de paroles suffisantes pour l'exprimer.

Antoine-Jean Pietri, Messieurs, n'était point né parmi nous; mais il avait adopté notre pays avec tant de sincérité qu'il était devenu l'un des meilleurs enfants de la Balagne, le soutien, la gloire et l'amour de ses habitants. Il était né à Sartène, au mois de septembre 1788, à cette époque mémorable où la France en travail allait enfanter cette grande révolution d'où surgit l'auguste dynastie napoléonienne.

Douze ans plus tard, lorsque Napoléon prit les rênes du gouvernement français, des hommes d'élite furent placés à la tête de l'administration; Pietri, l'oncle paternel d'Antoine-Jean Pietri, fut nommé préfet de l'ancien département du Golo, et ce fut aux enseignements de cet illustre administrateur que se forma l'esprit du noble citoyen, qui est aujourd'hui l'objet de tous nos regrets.

En effet, Messieurs, allié par son mariage à l'une des plus puissantes famille de la Balagne, il adopta sans réserve tous les intérêts des Balanins dont il représenta constamment les vœux et les besoins.

Mon but, Messieurs, n'est point de faire ici l'énumération des emplois et des fonctions honorables et gratuites dont Antoine-Jean Pietri a été investi et revêtu. Je ne déroulerai pas donc, Messieurs, le tableau de sa vie politique, puisque cela me rendrait trop prolixe ; mais je vous parlerai seulement de sa vie privée si bien remplie et si digne de notre admiration.

Nous l'avons vu tous, Messieurs, aux époques les plus difficiles, se maintenir avec cet esprit d'indépendance et d'abnégation dans une position conciliatrice, faisant le bien et empêchant le mal, réunissant les hommes et les familles et faisant disparaître toutes les causes de discorde et de division. Homme d'élite et fortement trempé, il ne fut jamais arrêté par des considérations mesquines d'intérêt personnel, d'intérêt de famille ou par d'autres considérations encore plus blâmables. Sous tous les gouvernements qui se sont succédé en France, il a pu exercer une haute influence et il n'en a jamais usé ni à son profit ni au profit des siens, parce qu'il comprenait, que, pour être utile à son pays et pour être grand, il fallait être indépendant. Mais il ne voulut jamais compromettre son indépendance et sa dignité pour obtenir des faveurs personnelles ; il n'hésita pas un instant à faire prévaloir les sympathies qu'il avait obtenues des puissants de l'époque pour arracher au supplice des têtes qu'il savait innocentes, et qu'il honorait de son amitié. Et cette conduite si noble et si généreuse le releva de plus en plus dans l'esprit des populations, et le fit estimer et honorer par ceux-là mêmes dont il avait bravé le courroux.

Dans plus d'une circonstance, l'injustice et la malveillance des hommes, souvent encore la jalousie et l'envie lui suscitèrent des persécutions et des inimitiés violentes. Il eût pu se venger et il en avait le droit, mais jamais il ne leva le bras, il n'ouvrit la bouche pour exercer une vengeance ou pour maudire ses ennemis ; et ce qu'il y a encore de plus héroïque dans sa conduite ce n'est pas seulement le pardon et l'oubli des injures, mais c'est l'empressement qu'il a toujours témoigné à combler de bienfaits tous ceux qui s'étaient constitués ses ennemis. Maître d'une riche fortune, il l'a mise toujours à la disposition du pauvre, de la veuve, et des nécessiteux, au risque même d'affaiblir sa position sociale, cédant toujours aux impulsions de la charité et se révoltant contre les exigeances et les duretés de l'égoïsme. Et cependant de grands malheurs l'ont frappé, et il n'a pas eu sur la terre la récompense du juste : il a vu descendre dans la tombe qui l'attend sa femme chérie et ses filles bien-aimées : un vide affreux s'est formé autour de lui, mais sa bouche ne s'est pas ouverte à un murmure, et son esprit ne s'est pas égaré dans le malheur. Aussi la récompense du juste l'attend dans les cieux où l'auréole de la vertu va lui ceindre le front.

Dieu qui abaisse et qui relève, qui donne les consolations et les angoisses, l'a appelé à lui et il a quitté cette terre avec une résignation et une sérénité qui prouve la tranquillité d'une conscience pure et le sentiment d'une vie sans reproche. Cette séparation si cruelle, si imprévue sera pour nous un sujet perpétuel de douloureuses émotions.

Adieu, Antoine-Jean Pietri, tu portes dans la tombe nos plus vifs regrets. Adieu, concitoyen illustre. Adieu, ami fidèle et dévoué. Adieu, homme supérieur et vertueux ; l'amitié sincère dont tu m'as donné tant de preuves, qui faisait mon bonheur et ma gloire, restera gravée éternellement dans mon cœur : je vouerai un culte perpétuel à ta mémoire et je m'inspirerai toujours de ton exemple et de tes vertus. Adieu, adieu pour toujours. Du haut des cieux tu nous contemples, fais descendre le baume de la consolation sur ta famille éplorée et sur nous tous qui restons sur cette terre comme des orphelins sans appui, au milieu des pleurs et dans la plus complète désolation. Que notre souvenir te soit toujours cher, et que la terre qui va te couvrir te soit légère.

Le 13 de ce mois, **M. Pietri Antoine-Jean**, propriétaire, ancien maire, ancien membre du conseil général, ancien colonel de la garde nationale, chevalier de l'ordre impérial de la Légion d'Honneur, est décédé à Bastia à l'âge de 68 ans, à la suite d'une douloureuse maladie.

M. Pietri était né à Sartène, le 22 septembre 1788. Neveu de **M. Pietri**, préfet de l'ancien département du Golo, en 1808, alors que l'astre napoléonien brillait de son plus vif éclat, il se maria à Monticello, avec une noble et affectueuse demoiselle, Marie-Antoinette-Dyonisie Leonetti, nièce de l'immortel général Paoli, et fille de **M. Leonetti** Giudice-Antoine, colonel de gendarmerie, député de la Corse à l'Assemblée des Cinq-Cents.

Organe de toute une population en larmes, je prends la plume pour vous prier de vouloir bien donner place dans votre estimable et intéressant journal à cette courte nécrologie d'un homme d'élite connu dans tout le département de la Corse, par sa générosité, sa grandeur d'âme, ses mœurs corses pures et antiques.

Aussitôt que la nouvelle de sa mort a été connue à Monticello, la confrérie suivie du reste de toute la population s'est rendue processionnellement au-delà des limites de son territoire, pour recevoir le corps qui venait de Bastia, où la confrerie de l'Ile-Rousse ne tarda pas à rejoindre celle de Monticello.

L'entrée du défunt dans le village, au milieu de la nuit, accompagné par plus de quatre cents personnes, éclairé par des torches, les psalmodies, les larmes et les sanglots, don-

naient à cette scène lugubre un caractère grandiose, grave
et sévère à la fois.

Le lendemain, 16 de ce mois, un service funèbre a eu
lieu dans l'oratoire de cette commune, la gendarmerie en
tenue lui a rendu les honneurs accordés aux légionnaires,
au milieu d'un concours immense de personnes accourues
de tous les points de la Balagne, malgré une pluie battante,
et avant que le cercueil fût descendu dans le caveau, MM.
le Révérend Père Camille, supérieur du couvent de l'Ile-
Rousse, Blasini, adjoint municipal qui figurait en tête de
la commission du conseil municipal de cette ville, le digne
abbé Mattei, desservant à Santa-Reparata, qui dans cette
circonstance n'a pas oublié l'étroite amitié qui liait le défunt à l'illustre prélat qui gouverne le diocèse, Angeli ins-
tituteur à Monticello, Ambrogi directeur de l'école supérieure de l'Ile-Rousse et Fabiani payèrent un juste tribut
d'éloges empruntés à la vérité et inspirés par la reconnaissance et l'élan du cœur.

Et maintenant si en terminant ma lettre je ne fais pas
une longue et pompeuse oraison funèbre, c'est que je n'en
sens pas le besoin : Deux mots suffisent pour retracer la
vie de M. Pietri — Homme populaire, grand, noble, généreux, Corse, ayant toutes les grandes qualités de nos pères,
ennemi du mal, et jouissant d'une grande influence dans
l'arrondissement de Calvi, et je puis dire dans l'île.

(Journal de la Corse.)

La famille Pietri de Sartène, l'une des plus considérables de la Corse, vient de faire une perte à jamais regret-
table.

M. Antoine-Jean Pietri, chevalier de la Légion-d'Honneur, qui avait été maire pendant quarante-trois ans, que
les suffrages de ses concitoyens avaient, pendant trente-
neuf ans, appelé à les représenter au conseil général de la
Corse, a succombé, à Bastia, le 13 de ce mois, avec le

calme d'un stoïcien et la résignation d'un chrétien, aux atteintes d'une longue et cruelle maladie. Dans cette lutte suprême entre la vie et la mort, la fermeté de son âme ne s'est pas un seul instant démentie. Tout ce qu'il regrettait c'était de voir les membres de sa famille passer, pour le soigner, des nuits sans sommeil et des jours sans repos. M. Pietri pensait, avec ce philosophe ancien, que la vie est un passage et le monde une salle de spectacle. On entre, on regarde, on sort. C'est ce qui explique sans doute la sérénité inaltérable, avec laquelle il a vu les approches de la mort et reçu tous les secours de notre sainte religion.

Établi dans l'ancienne province de la Balagne où il avait épousé la nièce de l'illustre général Paoli, son patriotisme, la générosité et la droiture de son caractère lui valurent bientôt l'estime et l'attachement de sa patrie adoptive. Les habitants de l'Ile-Rousse allèrent le chercher à Monticello pour le placer à la tête de l'administration locale. Les améliorations, à la fois utiles et agréables, qui ont changé en peu de temps, la face de cette ville progressive, création de Paoli, justifièrent son choix et sa confiance. Les regrets unanimes qu'a fait éclater la nouvelle de sa mort et les touchantes manifestations qui ont honoré son cercueil soit à Bastia, où il était venu chercher les secours et les lumières d'habiles médecins, soit à l'Ile-Rousse et à Monticello, où ses cendres reposent dans le caveau de la famille, sont le meilleur éloge qu'on puisse faire d'une vie marquée par des actes de dévouement envers son pays et ses concitoyens.

C'est à Bastia qu'il avait passé sa jeunesse auprès de son oncle, M. Pietri, alors préfet de l'ancien département du Golo, dont l'administration habile y a laissé d'impérissables souvenirs.

Le 15, à neuf heures du soir, le char funèbre qui transportait les restes mortels de M. Pietri entrait sur le territoire de la Balagne où l'attendait une foule immense. Une procession de pénitents des confréries de la ville de l'Ile-

Rousse et de Monticello s'était rendue spontanément à la dernière limite du territoire pour porter à bras jusqu'à Monticello le corps du défunt. Après un trajet de plusieurs kilomètres, cette procession, dont la marche silencieuse et religieuse offrait un spectacle émouvant, est arrivée à une heure du matin. La population, qui était restée en attente pendant la nuit, s'était déjà rendue sur la place que devait traverser le convoi. A la vue du cercueil de M. Pietri, les démonstrations de la plus profonde douleur ont éclaté, et les habitants qu'il avait tant aimés l'ont salué pour la dernière fois par des pleurs et des sanglots ; les femmes surtout et les enfants à genoux poussaient des cris de douleur, comme dans une circonstance de calamité publique.

Le lendemain, 16 mai, de nouvelles funérailles ont eu lieu dans l'église paroissiale de Monticello où s'étaient rendus le conseil municipal de l'Ile-Rousse, les notabilités de la province, les nombreux amis et les parents du défunt. Plusieurs discours (1) retraçant la vie et les qualités éminentes de M. Pietri, ont été prononcés sur sa tombe et écoutés avec un religieux recueillement, malgré la pluie battante qui inondait les rues et les places du village.

(Observateur de la Corse.)

(1) Les orateurs qui ont salué d'un dernier accent de regret la dépouille mortelle de M. Pietri sont le digne abbé Mattei, curé de Santa-Reparata , soit en son nom comme en celui de son Évêque ; le supérieur du couvent des Franciscains ; M. Blasini, adjoint de la ville de l'Ile-Rousse, au nom du conseil municipal ; MM. Angeli et Ambrosi, instituteurs dans cette ville et à Monticello ; M. Graziani, notaire et maire à Monticello ; enfin M. Fabiani propriétaire à Santa-Reparata.